AF244562

LE
MANDAT IMPÉRATIF

PAR

UN PAYSAN

ET

LETTRE

DU CITOYEN FÉLIX PYAT

Prix : 20 centimes

GENÈVE

S'ADRESSER A L'IMPRIMERIE COOPÉRATIVE, RUE DU CONSEIL-GÉNÉRAL, 8

OU

Au citoyen LÉON SACIAT, route de Lyon, 7.

1873

Dans un premier article j'ai dit ce qu'est la Révolution : Egalité, Justice ; et que par elle, et par elle seule, la France pouvait prendre sa revanche, se relever de son abaissement, reprendre dans le monde son rang et son rôle civilisateur.

Affirmation du droit, de la liberté et de la science, la Révolution doit prendre le contre-pied de la réaction, régime d'autorité, d'ignorantisme et de servitude.

Pour être efficace, complète, elle doit changer à la fois les principes, les personnes et les choses de la monarchie.

Ainsi, pour passer de la servitude cléricale et romaine à la liberté de la pensée, il faut tuer la superstition par l'école, rendre le prêtre à la famille et l'église à la commune.

Pour substituer la République à la monarchie, il faut, comme nos pères, abolir la royauté, exécuter les tyrans et détruire leurs nids.

Et, pour en finir avec la barbarie, abolir à jamais la peine de mort, supprimer le bourreau et faire des planches du trône, de l'autel et de l'échafaud un immense feu de joie pour éclairer l'humanité.

Dans un second article j'ai montré l'inanité de la force et comment un peuple trompé, trahi, vaincu, pou-

vait toujours être maître par le droit. Il lui suffit de refuser tout concours aux oppresseurs : — Argent —
Soldats — Travail.

Celui qui tient les cordons de la bourse *et qui fournit
les subsides tient le sceptre du monde.*

Enfin, dans ce dernier article, j'ai cherché à démontrer
comment une nation en possession de sa souveraineté
peut et doit toujours la conserver.

Le lecteur jugera.

J'ai eu du moins la satisfaction de me trouver d'accord
avec toute la démocratie et de recevoir des lettres
d'approbation des hommes dévoués à notre cause et,
entre autres, une de mon ami Félix Pyat ; je suis heureux de pouvoir la livrer à la publicité.

LE MANDAT IMPÉRATIF

LETTRE AUX PAYSANS DE FRANCE

Amis,

Le temps des discours et des phrases est passé. Des actes maintenant. Quoique notre grande Révolution soit venue, il y a 80 ans, apporter à tous, lumière, bien-être et liberté, vous, travailleurs des champs, vous êtes encore pour la plupart plongés dans l'ignorance, la misère et la servitude. Et si la France persistait dans les errements du passé, si elle continuait à piétiner sur place dans la boue impériale, cléricale et royale, elle ne tarderait pas à tomber, de décadence en décadence, dans un abâtardissement pire que la mort. Il faut aviser au plus vite. Le salut de la patrie est entre vos mains, C'est à vous de la délivrer en vous délivrant vous-mêmes.

Avant 89, la France était l'apanage d'une famille; elle appartenait à un homme — au roi, et si bien, que l'un d'eux, le plus grand, par sa folle ambition et son orgueil, a pu dire: « *l'Etat, c'est moi.* » Alors le prêtre dirigeait le monarque; celui-ci gouvernait les seigneurs, et les seigneurs rançonnaient et bâtonnaient le reste, — un troupeau de bétail attaché à la glèbe et qui se vendait avec elle. C'était le régime du droit divin que des insensés rêvent encore de rétablir aujourd'hui.

Mais vient la Révolution, et ce vieux monde est renversé.

Le privilége disparaît devant l'égalité. Ces *vilains*, ces *ma-nants*, ce vil troupeau *taillable*, *corvéable* et *rendable* à merci, devient le peuple, le souverain. Le prêtre est son salarié. Les fonctionnaires deviennent ses serviteurs et les gouvernants ses commis. C'est le régime humain de la République, le gouvernement de tous, par tous et pour tous. C'est ce que veulent les hommes de bien qui aiment la justice et leur pays.

Donc, le moment est venu, sous peine de déchéance, de mettre vos actes d'accord avec ces principes et votre vie politique en harmonie avec le nouvel ordre de choses. La Révolution *doit être désormais une vérité*. Vous devez reven-diquer hautement le pouvoir, c'est-à-dire la souveraineté qui vous appartient et l'exercer réellement.

Qu'est-ce que le paysan aujourd'hui? Rien.

Que peut-il être? Tout, s'il le veut, pour son bien et celui du pays.

Vous êtes les plus nombreux, les plus forts, les plus utiles, car on peut dire sans grande exagération : « *l'Etat, c'est vous* », — puisque c'est vous qui cultivez cette terre qui nourrit tout. Aussi, vous devez être les plus justes et impo-ser votre volonté.

Depuis un siècle bientôt, malgré trois révolutions nou-velles et les nombreux gouvernements qui se sont succédé, qu'avez-vous gagné? Qu'a-t-on fait pour vous? Rien, ou presque rien. Et à qui la faute? A vous et à vous seuls. Chaque fois que Paris vous a conquis et remis la liberté, vous l'avez, par ignorance et par faiblesse, livrée au despo-tisme qui l'a étouffée. Et, comble de démence, ce sont vos fils, vos propres fils, qui sont les complices de ces trahisons; à peine ont-ils quitté le village et déposé la blouse pour en-dosser l'uniforme, qu'ils frappent et fusillent aveuglément leurs frères plus éclairés des villes, qui combattent pour la liberté et les droits du travail.

Mais voyons un peu les bienfaits de ces maîtres dont vous fûtes si glorieux et si fiers :

Le premier Bonaparte, ce grand comédien que vous avez acclamé, après avoir assassiné la République au 18 Brumaire, a rétabli la noblesse, restauré le clergé, détruit les libertés publiques et promené nos armées à travers l'Europe pour son ambition personnelle. Mais qu'a-t-il fait pour vous?

Il vous a laissé une France amoindrie et démembrée, 28 départements de moins que sous la République, deux invasions, un milliard à payer, la ruine et le deuil de trois millions de vos fils.

Voilà le cadeau du premier Empire.

La Restauration lui succède. Les Bourbons ramènent, avec l'étranger, les nobles, vos seigneurs et maîtres d'autrefois. Ils livrent la France aux Jésuites et un milliard aux émigrés. Qu'est-ce qui paie? Le paysan et l'ouvrier, — toujours les travailleurs.

La Révolution de Juillet chasse les Bourbons, mais pour prendre les d'Orléans — un cheval borgne pour un aveugle. La Bourgeoisie prend la place de la noblesse : « *Ote-toi de là que je m'y mette.* » C'est le résumé de sa politique.

Les fonctions publiques, les gros traitements, les monopoles et priviléges de toute nature, tout passe entre ses mains. Et, pendant dix-huit ans nous assistons, à Paris et à Lyon, aux luttes sanglantes qu'enfante un tel état de choses.

Le peuple de Paris, fatigué de l'exploitation bourgeoise, se révolte de nouveau au 24 février 1848. Il envoie la branche cadette rejoindre en exil la branche aînée. Il proclame la République, revendique ses droits, ses libertés et le respect de son travail. Malheureusement, les habitants des campagnes, ignorant l'histoire, méconnaissant la justice de la Révolution, trompés par la réaction, intimidés par les autorités, menacés par beaucoup de gens de la perte de leur travail, égarés par les prêtres, et inquiets du lendemain, votèrent pour un Bonaparte, qui recommença la trahison de l'oncle. La République fut encore une fois assassinée dans la nuit du 2 Décembre.

Et sous le coup de la terreur, ou subissant cette sorte de fascination qu'exerce sur les masses ignorantes le succès d'un grand crime vu de loin, d'un assassin vous fîtes un empereur. Et pendant 20 ans, séduits par un bien-être passager, imprévoyants, fermant l'oreille à de sages avis qui vous étaient donnés, qui vous conviaient à la résistance et à la revendication, vous restiez, sans vous en douter, les hommes-liges de l'oppression et du parasitisme.

Mais le jour du châtiment devait arriver. Les lâches qui tournent leurs armes contre la liberté de leur pays sont voués fatalement à la défaite, à la honte. L'assassin de Décembre finit comme l'assassin de Brumaire, sur les ruines de la patrie. Waterloo eut pour pendant la déroute de Sedan.

Le second empire *de la paix* laissait aux paysans crédules l'invasion, l'Alsace et la Lorraine prussifiées, cinq milliards à payer à l'étranger et vingt milliards de dettes.

Paie, pauvre paysan, tes erreurs, tes faiblesses, tes votes plébiscitaires et les crimes de tes maîtres !

Bonaparte tombé, que restait-il au 4 septembre 70 ? La nation souveraine, — la République — la République qui seule pouvait sauver la France comme en 93.

Qu'avez vous fait ? Vous avez envoyé à Bordeaux, pour représenter le *peuple de l'Egalité*, plus de deux cents princes, ducs, comtes et marquis. Vous avez nommé, pour défendre la patrie, la République, vos intérêts et vos droits, tous les vieux hommes des vieux partis, les mêmes qu'en 1848, et qui n'ont pas tardé à reprendre les errements funestes et coupables de cette triste et douloureuse époque. Ils ont signé le traité que vous savez, le traité de la paix à tout prix, et au lendemain duquel éclatait la guerre civile.....

Voilà ce que vous avez fait par ignorance, par défiance, mais, je le reconnais, comme toujours, croyant bien faire.

Et maintenant, ces hommes que vous avez nommés exclusivement pour faire la paix ou la guerre, ne veulent plus s'en aller. Ils veulent, comptant sur la lassitude et la misère publique, faire une Constitution, renverser la République et vous donner un roi dont l'unique mission, comme par le passé, sera de gorger ses créatures.

Il est donc temps de mettre ordre à ces velléités de despotisme et de coups d'Etat. Il faut sortir de votre indifférence et changer de système — *Jura vigilantibus prosunt.* — Le droit ne profite qu'aux vigilants. Veillez au grain et préparez-vous à balayer d'un coup de scrutin tous ces revenants du passé, tous ces conspirailleurs, et pour tout dire, toute la *vile multitude des oisifs;* vous n'aurez rien à y perdre et tout à gagner.

A leur place, nommez des travailleurs, vos pareils, des hommes jeunes, intelligents, dévoués, comprenant vos besoins et prêts à défendre vos droits.

Mais ce n'est pas assez ; dictez-leur vos volontés, réglez leur mandat, rédigez vos cahiers, imposez votre programme et qu'ils ne puissent s'en écarter sans votre assentiment. Et ce n'est point tout encore. Comme vous ne devez jamais abdiquer, qu'il soit bien entendu, que la loi une fois votée par vos élus, vous sera renvoyée pour recevoir sa sanction définitive. Pas de loi exécutoire sans cela. C'est ainsi que cela se pratique en Suisse.

Telle est cette chose si simple qu'on appelle le *mandat impératif.*

Ce n'est pas une nouveauté, une invention moderne; non, ce procédé est presque vieux comme la France ; vos pères l'ont pratiqué pendant des siècles, et sous la monarchie même. — De 1302 à 1614, le mandat impératif fut la forme adoptée pour la représentation du pays.

Les députés, suivant les ordres qu'ils avaient reçus de leurs commettants, votaient ou ne votaient pas les subsides demandés, et le roi n'avait qu'à s'incliner devant la volonté du peuple.

C'était alors un axiome de droit public :

« *Que nul impôt ne peut être levé sans le consentement de* « *ceux qui doivent le payer.* »

Généralisons et disons :

« *Que nulle loi ne peut exister sans avoir été votée par ceux* « *qui lui doivent obéissance.* »

Alors seulement, cet autre axiome :

« *Nul n'est censé ignorer la loi* », devient une vérité.

En 1614, ces états généraux qui gênaient fort le roi furent supprimés par Louis XIII, et ne reparurent qu'avec la révolution de 89. Les représentants du peuple revinrent avec leurs cahiers. Cette coutume de la vieille France renaît avec la liberté, avec l'affranchissement du pays. C'était la conséquence naturelle de la souveraineté nationale reconquise.

Une seule objection est faite au *mandat impératif* par les maquignons politiques, par les exploiteurs de suffrages, c'est qu'il porte atteinte à la liberté, à la dignité de l'élu.

Mais qui force ces braves gens à demander les voix du peuple, s'ils ne partagent pas ses opinions? En quoi la dignité du représentant qui défend des idées qui sont les siennes peut-elle être amoindrie? Est-ce que tous les fonctionnaires n'ont pas leur mandat? Est-ce que le juge, par exemple, se trouve amoindri parce qu'il s'incline devant la loi qu'il a pour mission d'appliquer ?

Non, non. La vérité, c'est que ce système coupe court aux intrigues, aux trahisons, aux coups d'Etat, et que les royalistes ne veulent pas y renoncer. Ah ! ces messieurs se montraient moins susceptibles sous le régime déchu ! Ils ne trouvaient point leur dignité abaissée quand ils acceptaient le *mandat impératif* du parjure, de l'assassin de décembre, et quand ils prêtaient le serment préalable d'obéissance et de fidélité à la personne et à la constitution de l'usurpateur. Allez! tartufes politiques, puisque le mandat du peuple vous abaisse, allez porter aux pieds d'un Bonaparte ou d'un Bourbon vos hommages et vos serments ! Le peuple vous connaît, il n'a plus que faire de vous; il est las de votre éternel et vide parlotage ; il fera désormais ses affaires sans vous, et vous n'aurez plus la liberté de le trahir !

Aujourd'hui donc que vous êtes redevenus les maîtres, usez de votre droit. La logique et votre intérêt le commandent. L'Assemblée est morte. Les empereurs et les rois sont morts. Vive le peuple ! le seul souverain qui ne meurt pas.

Donnez à vos mandataires futurs l'ordre de fonder la République, de formuler les lois nécessaires à son existence et de supprimer toutes celles qui y mettraient obstacle.

Principes fondamentaux de la démocratie

1° *Souveraineté du peuple.* La nation exerce sa souveraineté par le suffrage universel et direct. Elle manifeste sa volonté par une *Assemblée unique permanente,* toujours révocable et nommée pour *deux ans.*

2° L'Assemblée nationale nomme les ministres qui sont *responsables.* Elle prépare, discute, rédige et vote la loi qui est soumise à la sanction du peuple et qui devient alors obligatoire pour tous.

3° Au-dessus de ce principe, *la République,* c'est-à-dire la souveraineté, non d'une génération abdiquant en se donnant un maître comme en 48, mais de toutes les générations à venir s'élevant et grandissant dans la liberté toujours respectée.

Dans cette république, il n'y a ni président ni princes.

4° Au-dessus encore de la République, ces éternels principes de la révolution: *Liberté, Egalité, Fraternité,* principes *antérieurs et supérieurs* à toutes les constitutions, *inaliénables, imprescriptibles,* sans lesquels l'homme n'est qu'une brute irresponsable et la société un troupeau sans volonté.

Liberté

5° Liberté absolue, sans restriction ni pénalité de la pensée, de la parole, de la presse, du travail, du commerce et de l'industrie.

Ces libertés constituent l'autonomie personnelle sans laquelle toutes les autres, autonomie communale, cantonale, départementale, nationale, continentale, etc., ne sont que des fictions.

6° Liberté individuelle absolue. Nul ne peut être arrêté qu'en cas de flagrant délit ou avec mandat régulier du juge compétent et responsable.

En cas d'erreur de la justice, indemnité aux prévenus.

7° Liberté absolue d'association, de réunion et de discussion de toutes les questions religieuses, politiques et sociales. Ce que l'homme est libre de penser, il est libre de le dire et de l'écrire.

8° Liberté absolue d'aller, de venir, pêcher, chasser sans autres conditions que le respect des récoltes et l'abstention pendant le temps de la reproduction.

9° Liberté absolue de pétition, sans restriction aucune.

10° Liberté absolue des groupes industriels, des communes et des départements nommant leurs conseils, leurs fonctionnaires, réglant leur budget et administrant dans la plénitude de leur indépendance.

11° Conséquences : Abolition de toutes les lois contre la

pensée, la parole, la presse, le travail, le commerce, les associations et les réunions. Révision de tous les codes et suppression de toutes les lois qui s'opposent à l'affranchissement des communes et des départements. Plus de préfets ni de sous-préfets.

Égalité

Egalité religieuse, politique et sociale.

Reconnaissance des droits naturels qui sont envers les individus autant de dettes de la famille et de la société.

12° Droit à la vie : La justice commande aux aînés de faire aux nouveaux venus une place au banquet de la vie.

13° Droit à l'éducation. La nourriture intellectuelle et morale est aussi nécessaire à l'enfant que la nourriture matérielle. Tant vaut l'homme, tant vaut la famille, tant vaut la commune et tant vaudra la République. Ce n'est qu'avec des hommes éclairés et libres qu'on fait un grand peuple.

14° Droit au travail. Travailler pour vivre sera la loi de l'humanité. Le fainéant n'est pas un homme, il vit du produit de ses semblables; il commet un vol. Et la société qui refuse ce droit est aveugle et criminelle.

« Nul homme, dit Turgot, ne doit être privé des moyens « de travailler et de vivre, c'est-à-dire que les instruments « de travail et les moyens de subsistance doivent être garan- « tis à chaque individu et par conséquent tout ce qui est « instrument ou matière de travail ne doit pas être le « domaine exclusif de quelques individus. Voilà le droit « absolu, le droit naturel. »

15° **Droit au vote.** A 21 ans, l'homme est reconnu majeur, raisonnable et responsable. Il paie l'impôt du sang et de l'argent. Il jouit de ses droits civils ; il doit jouir de ses droits politiques.

16° **Droit à l'assistance.** La société doit aux malades pauvres des soins, aux infirmes un abri, et des secours aux veuves des travailleurs qui succombent au champ d'honneur du travail.

17° **Droit à la retraite.** Les jeunes doivent travailler pour les vieillards, parce que les vieillards ont travaillé pour les jeunes. C'est la loi de la solidarité.

18° **Organisation immédiate**, dans toute l'étendue de la République et pour les enfants des deux sexes, de l'éducation *primaire, secondaire, scientifique, artistique et professionnelle.*

19° *L'éducation primaire* doit être *obligatoire ;* — nul ne doit être privé des bienfaits du savoir ; *gratuite* — l'égalité le veut, — pas de distinction entre les enfants riches et les enfants pauvres ; et *laïque*, — la société seule fait les citoyens et les citoyennes dévoués à la patrie.

20° *L'Instruction secondaire* est *facultative, gratuite*, et *laïque.*

Ainsi la femme devient l'égal de l'homme dans l'école, dans la famille, dans l'atelier, dans la commune, dans l'état.

Elle concourt dans la mesure de ses forces et selon ses aptitudes au bien-être de la famille, à l'éducation des enfants, à l'administration de la commune, à la direction des affaires publiques, à la prospérité et à la défense de la patrie.

« En paix, comme dans les combats, sa loi est de souffrir
« et d'oser autant que l'homme, — et de montrer comment
« il faut vivre et comment il faut mourir. » — *Tacite.*

Les femmes de France ont prouvé pendant toutes nos

révolutions et à toutes les époques critiques de notre histoire qu'elles étaient dignes de tous les droits en pratiquant tous les devoirs.

21° Séparation de l'Eglise et de l'Etat. Plus de budget des cultes. — Les superstitions qui abêtissent l'humanité cèdent la place à la science et au travail qui moralisent. — D'ailleurs qui travaille prie.

22° Abolition des armées permanentes, cause de ruines pour les nations, de défiance entre les citoyens et de haine entre les peuples.

Le service militaire est obligatoire pour tous sans exception.

Le peuple armé s'exerce à la commune et au département. Après l'exercice il revient au foyer et au travail. Ainsi tout citoyen est soldat et tout soldat citoyen, défenseurs de la République.

23° Abolition de la magistrature inamovible. Le peuple nomme ses juges comme tous les autres fonctionnaires.

24° Abolition de tous les impôts, un seul excepté sur le revenu, progressif et servant de prime d'assurance, ne demandant rien à ceux qui n'ont que le nécessaire, exigeant peu de ceux qui ont peu, plus de ceux qui ont plus, et beaucoup de ceux qui ont beaucoup.

25° Organisation du crédit accessible à tous par la création de banques départementales et cantonales.

26° Abolition de tous les titres de noblesse, des priviléges, monopoles, sinécures, cumuls et gros traitements. Mêmes droits et mêmes devoirs pour tous ; telle est la loi conservatrice par excellence de la société et justement compensatrice de l'inégalité naturelle des forces, des intelligences et des aptitudes.

Fraternité

Fraternité entre les citoyens d'un même pays. Fédération entre tous les peuples. République universelle.

27° Abolition de la guerre, de la peine de mort et des peines perpétuelles. Désarmement général.

28° Amnistie pleine et entière pour les crimes et délits politiques.

29° Levée de l'état de siége qui ne pourra jamais être rétabli.

30° Retour de l'Assemblée à Paris. Réconciliation de la France avec sa capitale qui a bien mérité de la patrie.

31° Appel à tous les peuples civilisés et à l'Allemagne démocratique pour que l'Alsace et la Lorraine soient consultées sur leur annexion, ou tout au moins reconnues libres et indépendantes.

Conséquences de cette politique : chaque année un milliard au moins d'économie sur le budget actuel. En cinq ans, la dette prussienne payée et en vingt années, la France libérée, libre, instruite et dans l'aisance.

Je m'arrête là. Je ne puis avoir la prétention de rédiger à moi seul les cahiers du peuple, de formuler le programme des réformes qui doivent être l'œuvre de tous. Pour cela faire, il me faudrait la cervelle de dix millions d'électeurs et je n'ai qu'une tête. J'ai tenu seulement à indiquer ici des principes généraux et le moyen d'assurer et garantir à la nation sa souveraineté.

Et maintenant si, par impossible une Assemblée de représentants osait méconnaître ses engagements, violer la parole donnée, usurper la souveraineté, mutiler le suffrage universel et assassiner encore une fois la République, sachez, par une de ces stoïques résistances dont les peuples, dignes de la liberté, doivent trouver en eux la vertu, faire rentrer dans l'ombre les parjures et les traîtres.

Voilà, amis, le moyen de vivre libres et d'avoir la paix. Préparez-vous donc à la lutte et finissez-en avec les éternels fauteurs de guerre civile. Chassez ces capitulards qui ont fui devant l'étranger et qui voudraient aujourd'hui organiser *le combat* contre des Français. Vous avez sauvé la première Révolution avec votre fusil; vous pouvez sauver celle-ci avec un simple bulletin de vote.

Réunissez-vous dans vos communes. Rédigez un premier cahier des réformes que vous voulez et faites-le porter au canton par vos délégués. Ceux-ci rédigeront le cahier du canton. Puis les délégués du canton se rendront au chef-lieu du département pour arrêter le programme définitif. Cela fait, vous n'aurez plus qu'à choisir et à désigner les citoyens les plus intelligents, les plus dévoués, qui devront signer le mandat et prendre l'engagement formel de le faire triompher dans l'Assemblée de la nation.

Et faut-il encore vous rappeler, avant de terminer les inconvénients qu'il y a à agir autrement, c'est-à-dire à donner un blanc-seing à vos mandataires? Les faits parlent assez haut. Voyez ce qui se passe à Versailles, et l'attitude de votre Assemblée, nommée en toute hâte à la majorité relative et pendant les seize jours d'armistice, ayant l'épée prussienne sur la gorge. Elle n'avait d'autre mission que de faire la paix ou de continuer la guerre. La paix votée, ratifiée et signée, elle devait retourner dans le pays. Eh bien, non, elle ne veut plus céder la place; elle prétend même rester tant qu'il y aura des ennemis à l'intérieur, — et c'est ainsi qu'elle nomme les patriotes, les républicains. Elle a même le courage de nier *votre droit* en se déclarant *souveraine*. Elle se proclame d'autorité *constituante*. Pourquoi pas *immortelle* et bientôt, sans doute, *infaillible?* Et sa constitution sera *éternelle* comme le *Syllabus.*

Mais, de bon compte, qui lui a donné la souveraineté? Qui lui a donné le droit de faire une constitution ? Qui lui a signé un brevet d'immortalité? Nommée sous la République et par le suffrage universel qui lui a dit : Allez mutiler le suffrage universel, et rétablir la monarchie, avec liste civile de 25 millions et 12 châteaux royaux?

Qui lui a donné l'ordre de déclarer la République *provisoire,* de maintenir l'instabilité, l'incertitude et la crainte du lendemain quand le pays a tant besoin de calme et de tranquillité?

Qui l'a autorisée à voter les lois les plus jésuitiques et les plus impopulaires? A marchander quelques centaines de mille francs aux pauvres exilés de l'Alsace-Lorraine; à refuser à Paris les 210 millions qu'il a payés pour la France et à donner 40 millions aux mendiants d'Orléans. Qui lui a donné le mandat de changer le siége du gouvernement, et de transférer la capitale, de Paris qui avait repoussé l'étranger, à Versailles qui l'avait reçu? Qui lui a donné le droit, la guerre civile étant éteinte, d'en perpétuer en quelque sorte le souvenir, et d'en raviver les plaies par d'impitoyables et d'interminables répressions? Personne, non personne, pas un collége électoral dans toute la France! Je défie les 750 souverains de Versailles de montrer un cahier, un seul, qui justifie ces insolentes prétentions.

Et cependant, elle s'arroge tous ces droits, parce qu'elle sait que le peuple, patriote avant tout, recule devant les désastres de la guerre civile, surtout quand les envahisseurs foulent encore le sol de la patrie.

Je vous en conjure, amis, demandez la dissolution immédiate, et prenez vos mesures pour qu'à l'avenir les résistances illégitimes ne puissent pas se renouveler. Gardez intacte cette souveraineté que vous a acquise la Révolution.

Suivez mes conseils; ce sont les conseils d'un homme qui a pu se tromper souvent, mais qui ne vous a jamais trompé, pas plus que son parti si éprouvé depuis un siècle.

Ce que je vous demande, « *c'est de vous guérir des individus,* » de placer les principes d'éternelle justice au-dessus des hommes d'éternelle faillibilité, de répudier la servitude pour la liberté, le privilége pour l'égalité, le fainéantisme pour le travail, l'exploitation pour la justice, et d'abandonner définitivement le rivage du vieux monde, la *monarchie,* pour le monde nouveau, la *République.*

Ma suprême ambition, c'est de mériter assez votre confiance pour vous amener à l'opinion de toutes nos grandes villes. La plus grande joie pour moi, qui suis né au milieu de vous, qui ai souvent partagé vos peines, qui vous ai toujours défendus et toujours aimés, ce serait de voir notre chère terre de France rendue par vous à la liberté et à la possession d'elle-même.

Vous le pouvez, cela dépend de vous.

Oui, demain, si vous le voulez, le charbonnier sera enfin le maître dans sa maison. Vous pourrez alors vous livrer tranquilles au travail, sans souci du lendemain; votre domicile sera inviolable, votre famille respectée, vos enfants instruits comme les fils de la bourgeoisie, votre travail assuré et garanti, votre existence à l'abri de tous les hasards et de tous les dangers, et les fruits de cette terre, que vous arrosez de vos sueurs en la cultivant, de votre sang en la défendant, et que vous engraissez de votre chair et de vos os après votre mort, seront cette fois à vous et bien à vous.

Ainsi les destinées de la patrie vaincue, humiliée, sont entre vos mains; n'oubliez pas qu'elle a été perdue par des incapables, livrée par des traîtres, et qu'elle ne peut être sauvée que par la République. Rappelez-vous que vous avez reçu encore une fois de nos frères de Paris, la liberté, et que vous en êtes responsables envers vos fils et la postérité.

Donc, *mandat impératif ou carte blanche à vos mandataires,* maîtres ou esclaves, voilà l'alternative; pas de milieu, choisissez.

UN PAYSAN,
Ex-représentant du peuple dans les
Assemblées nationales, départe-
mentales et communales.

Nous n'avons pas besoin de faire remarquer à nos lecteurs que ce projet de réformes ne peut trouver son application complète que dans les élections générales prochaines.

Actuellement, le mandat, dans les élections partielles, peut se résumer en ces trois points :

1° La République;

2° Le respect du suffrage universel;

3° La dissolution de l'Assemblée.

Mais aujourd'hui, après la libération du territoire et son évacuation par le dernier soldat prussien, il n'y a plus d'élections partielles à faire, il ne peut y avoir que des élections générales. L'Assemblée, et cela ne fait doute pour personne, n'existe plus ; son mandat est expiré. — Elle n'a plus pour se perpétuer l'ombre d'un prétexte, ce prétexte spécieux de veiller à l'exécution de son traité. Envoyer maintenant des représentants à l'Assemblée de Versailles, ce serait reconnaître et sanctionner son usurpation, se rendre complice de l'attentat qu'elle médite contre la souveraineté du peuple. Il n'y a plus à aller à la Chambre, il s'agit d'en sortir. — Il est inutile de pétitionner, de voter pour la dissolution, il faut la faire. Les représentants républicains doivent immédiatement donner leur démission afin de rendre au pays sa liberté d'action, sa responsabilité dans les événements qui se préparent. — Respectant la souveraineté nationale et rentrant dans les rangs du peuple, les représentants seront inattaquables, invincibles, — s'ils restent dans cette assemblée de conspirateurs royalistes, ils sont vaincus à l'avance et c'en est fait de la République, — et qui pis est, la monarchie restaurée, nous reverrons avant peu la guerre, l'invasion, la ruine et la mort de la France.

Donc, démission des représentants, — et à chaque élection, protestation par le vote. Mandat aux nouveaux élus de rester au milieu de leurs électeurs pour défendre la République par tous les moyens en leur pouvoir.

Plus aucune participation aux actes d'une représentation factieuse et criminelle.

Et si une partie de la Chambre persiste dans son usurpation, — résistance légale, mais résistance logique — sérieuse, indomptable.

Dès lors plus d'argent — plus de soldats à ces insurgés contre la souveraineté du peuple, et au besoin plus de travail — grève générale. *Sans droits pas de devoirs.* Si, un seul, le plus saint et le plus sacré de tous : le devoir de l'homme libre — la résistance à l'oppression.

Que tous les hommes de principes et de bonne volonté y réfléchissent ! Là est le salut de la France et de la révolution.

———————

Le gouvernement du 24 mai, en ajournant l'Assemblée au 5 novembre, et remettant les élections partielles après la libération du territoire, a tendu un piége à la République qu'il veut rendre complice d'une restauration ; à la République de déjouer le piége ; j'ai tenu à le lui signaler.

LETTRE DU CITOYEN FÉLIX PYAT

———

MON CHER PAYSAN,

Ta lettre à tes frères que tu m'as communiquée, me prouve que tu sais lire, écrire, compter, penser même, etc. Tu parles latin, trois mots au moins, ce qui ne t'empêche pas d'être clair. Je crois bien que tu n'es pas si paysan que tu le signes. Pourquoi les autres le sont-ils plus que toi? Tu pourrais l'être comme eux; ils doivent l'être comme toi, c'est-à-dire penser, voter et, au besoin, agir comme toi. Et c'est ce que tu veux sans doute en leur écrivant. Continue! Science oblige; c'est ta noblesse; et puisque tu es plus savant qu'eux, tu fais ton devoir en les instruisant. Le savoir est ce qui leur manque le plus. Savoir et pouvoir ne riment pas sans raison et se tiennent. Avec l'un ils auront l'autre: Il est temps.

Donc, puisque tu es paysan, un peu comme Lafontaine était bonhomme, redis-leur bien ce qu'a dit ce bonhomme de génie, qui a eu au moins l'esprit de faire penser les hommes en faisant parler les bêtes. Explique-leur mieux que

moi, dans ton langage·simple comme le sien, ce qu'il a dit
en bon français, ce mot d'une fable plus vraie que l'Evan-
gile :

« Notre ennemi, c'est notre maître. »

Le maître des paysans est compliqué. C'est l'hydre.

Il n'est pas qu'au théâtre de la foire ils n'aient vu parfois
quelque monstre à deux ou trois têtes vivant sur un seul
corps ; — ce que l'affiche nomme un *phénomène.*

Eh bien, ils ne se doutent pas, en riant ou tremblant devant cette horreur, qu'ils portent tous le monstre, leur
maître, leur ennemi à trois têtes, — le prince, le prêtre et le
bourgeois.

Ah ! le bonhomme a raison ; le maître, n'importe la langue
c'est l'ennemi, l'ennemi mortel, l'étranger, le Prussien.

Même sang, même droit, le droit Bismark.

Est-ce que la première tête du monstre, le prince, par
exemple, ne descend pas de nos seigneurs les Francs? Est-
ce qu'il ne se refait pas à l'étranger? Est-ce qu'il n'imite
pas l'ennemi? Est-ce que le comte de Paris n'est pas le fils
d'une Prussienne? Est-ce qu'il ne revient pas nous prendre
quarante millions?

Que représentent-ils ces prétendants royaux ou impériaux?
Le droit brutal, le vieux droit de la force et de la ruse,
de la guerre et de la proie.

Et tous leurs compères, de même, — le prêtre dit que
c'est le droit divin, — le noble, que c'est le droit légitime,
— et le bourgeois, le droit constitutionnel, chacun prêchant
pour son saint. Mais le bonhomme toujours vrai dit que
c'est le droit du loup.

Oui, quel que soit son titre ou son mode, le droit du
maître, de l'ennemi, est tout bêtement le droit du plus fort.

Le plus fort a commencé par manger le plus faible, il en
a fait son repas. C'est le droit divin, légitime et constitution-

nel à sa source; le droit du sauvage. Puis il a vu qu'il valait mieux le manger en détail; et il en a fait son serf; le droit du seigneur. Enfin il a vu que l'affranchi rapportait plus que l'esclave; et il l'a salarié; le droit du bourgeois.

Au fond, même sauvagerie sous d'autres formes policées et d'autres noms civilisés. Tout prélèvement est anthropophagie. Nul n'a droit au travail d'autrui pas plus qu'à sa liberté ou à sa vie. Tout homme qui vit sur un autre est un Indien, en dépit de la fourchette. C'est le Caraïbe modifié et transformé; le cannibalisme ménagé et mitigé, mais prolongé. Toujours le loup — *Homo homini lupus.*

En bon français : « Notre ennemi, c'est notre maître. »

Tel est le passé, sinon le présent.

La révolution française, en proclamant l'unité de l'espèce, a inauguré pour l'avenir le droit humain, le droit nouveau de la paix, du travail et de la justice. Dans la société fondée sur la paix, au lieu de la guerre, la souveraineté passe du destructeur au producteur. Le monopole du roi, le privilége des nobles devient le droit commun, le droit de l'homme. Qu'était le roi de France? le souverain du sol, du vote et de l'arme. La révolution a rendu au peuple ces trois attributs royaux, le sol qui nourrit, le vote qui dispose et l'arme qui défend. Elle a déclaré le peuple roi, l'homme autonome, c'est-à-dire souverain, maître de soi, non des autres. Droit et devoir pour tous, liberté — égalité — fraternité.

Mais, hélas! on ne garde guère que les droits qu'on exerce, et par malheur le peuple a remis les siens à l'ennemi, à tous ses maîtres; à un empereur d'abord, puis à une assemblée de princes, ducs, comtes, vicomtes, etc., tous Prussiens.

En conséquence, le voilà mangé plus que jamais, comme aux Iles; voilà sa famille égorgée, son champ ravagé, sa maison brûlée, son bétail pris, sa bourse aussi, lui-même restant désarmé, détrôné et dépouillé, avec trente milliards de dettes à payer par lui et sa postérité. Le malheureux s'il n'a pas assez de cette leçon, s'il revient à ses loups, ces trente milliards feront des petits, liste civile, apanages, guerres de Rome à l'intérieur et à l'extérieur, la ruine totale du pays aux frais du paysan, car les loups ne se mangent pas entr'eux ; ils mangent les moutons.

> « Notre ennemi, c'est notre maître.
> Je vous le dis en bon français. »

Maintenant, cher paysan, complète Lafontaine et dis à tes frères qu'il y a un remède au mal; que si notre ennemi, c'est notre maître, notre égal, c'est notre ami.

Ils sont vingt-deux millions de paysans et dix millions d'ouvriers, *la vile multitude*, toujours victimes du *sic vos*, — tu sais le latin, — traduis-leur encore ça, trente-deux millions réduits à la paille de leur blé.

Pourquoi? Parce qu'ils se font représenter par 750 nobles et bourgeois, par leurs ennemis et leurs maîtres, et non par leurs égaux et leurs amis.

Voient-ils jamais le bourgeois ou le noble se faire représenter par l'ouvrier ou le paysan ? Ce phénomène-là n'existe pas. S'ils avaient fait comme le peuple de Paris dont le sang a payé tous leurs droits ; ils auraient nommé leurs semblables, ceux qui ont communauté de droits, de besoins et d'intérêts avec eux ; ils n'auraient pas eu d'empire ni d'invasion ; ils n'auraient pas à leurs trousses les uhlans et les huissiers.

Quand ils veulent ferrer leur âne, ils vont au maréchal et non au cordonnier. Pourquoi vont-ils au riche pour représenter le pauvre ? Et si le maréchal n'est pas bon, ils le changent ; et pourquoi gardent-ils leur mauvais député ?

Ils ont ainsi l'ennemi partout, l'ami nulle part.

Les faits, les chiffres sont les meilleures raisons. Vois :

Sur les 750 députés immuables qui leur font la loi, pas un paysan. —

Sur les 450 préfets et sous-préfets qui les administrent, pas un paysan. —

Dans les 400 tribunaux qui les jugent, pas un paysan.

Sur les 86 évêques qui les bénissent, pas un paysan.

Sur les 110 généraux qui les commandent, pas un paysan.

Non, pas un seul paysan au gouvernement, à la justice, parmi les chefs de l'église ni de l'armée. Et le mariage, cette autre grande preuve de l'unité d'un peuple ? Pas un paysan marié à une bourgeoise. — Les rois épousent des bergères dans Florian.

Le maître, l'ennemi, tes pauvres frères le trouvent partout et toujours, sous l'habit, la toge, la soutane et l'uniforme, tous unis contre leur blouse.

Aussi le député les tue par la taxe ; le banquier par l'usure ; le juge par le code ; le soldat par le sabre et le prêtre par la croix : — fermiers, ils paient la rente ; contribuables, l'impôt ; débiteurs, l'intérêt ; conscrits, le sang ; plaideurs, les frais ; baptisés et enterrés, tous les dépens.

Ils sont le bœuf votant pour ses bouchers.

Montre-leur qu'ils portent tous ces vampires, parce qu'ils votent mal ; parce que les abeilles ne doivent pas nommer des frelons ; ni les moutons, des loups, même *se disant Guillot*..... Le bonhomme est un grand homme. Pour être heureux, ils n'ont tout bonnement qu'à remplacer leurs ennemis par leurs amis, leurs maîtres par leurs égaux. — Ce n'est pas plus sorcier que ça.

Ainsi donc, dis-leur qu'ils regardent bien aux mains de leurs candidats ; que le travail ne peut-être représenté que par le travailleur ; qu'autrement le souverain sera toujours sujet, le pauvre corps portant toujours les trois monstrueuses têtes, l'esclave du triple maître et la proie du triple ennemi. Dis-leur qu'il doit être son propre prince, son propre prêtre, son propre bourgeois, etc., qu'on n'est jamais mieux servi que par soi-même ; que tous les soldats possibles ne valent pas un citoyen armé; tous les juges, un juré instruit et toutes les prières un sillon profond.

Dis-leur bien que, s'ils veulent donner encore leur argent et leur sang pour remettre le Pape à Rome et les Bourbons partout, s'ils veulent encore la guerre et l'invasion de cette terre qu'ils aiment tant, s'ils veulent la perte des Alpes comme du Rhin, et que la France si blessée meurt, ils n'ont qu'à reprendre un roi. Dis leur à eux, qui plus que d'autres, par la nature même de leur œuvre, ont besoin d'ordre et de paix, qu'il n'y a ni paix ni ordre dans le monde humain sans justice, ni justice sans logique ; que partout le pays doit être au paysan comme l'outil à l'ouvrier.

Et s'ils font moitié de ce que tu recommandes, si seulement ils votent pour eux-mêmes, s'ils suivent ce Paris qui a voulu avoir ce qu'ils ont, la Commune, et leur donner ce qui leur manque, la lumière, alors tout sera dit de l'anarchie et de la guerre ; la paix et l'ordre règneront en France comme en Europe, à Paris comme à Versailles, dans les villes comme aux champs ; ils n'auront plus de maîtres ni d'ennemis, plus de rois ; ils n'auront que des égaux, des amis. Ils auront enfin la République.

FÉLIX PYAT.

GENÈVE. — Imprimerie coopérative, rue du Conseil-Général, 8.